This Day Planner belongs to:

....
....
....

get *things* done

☐ Mo ☐ Tu ☐ We ☐ Th ☐ Fr ☐ Sa ☐ Su   **Date:** _____

Today's Top Priorities

1. _____ ☐
2. _____ ☐
3. _____ ☐
4. _____ ☐
5. _____ ☐

Today's Schedule

☐ _____
☐ _____
☐ _____
☐ _____
☐ _____
☐ _____
☐ _____

Things To Do

☐ _____
☐ _____
☐ _____
☐ _____
☐ _____
☐ _____
☐ _____
☐ _____
☐ _____

Water intake

○ ○ ○ ○ ○ ○ ○ ○

Meals

B _____
L _____
S _____
D _____

Notes

get *things* done

Date: _____ ☐ Mo ☐ Tu ☐ We ☐ Th ☐ Fr ☐ Sa ☐ Su

Today's Top Priorities

1. ☐
2. ☐
3. ☐
4. ☐
5. ☐

Today's Schedule

☐ _____
☐ _____
☐ _____
☐ _____
☐ _____
☐ _____
☐ _____

Things To Do

☐ _____
☐ _____
☐ _____
☐ _____
☐ _____
☐ _____
☐ _____
☐ _____

Water intake

○ ○ ○ ○ ○

Meals

B _____
L _____
S _____
D _____

Notes

get *things* done

☐ Mo ☐ Tu ☐ We ☐ Th ☐ Fr ☐ Sa ☐ Su   **Date:** ....

Today's Top Priorities

1. .... ☐
2. .... ☐
3. .... ☐
4. .... ☐
5. .... ☐

Today's Schedule

☐ _____
☐ _____
☐ _____
☐ _____
☐ _____
☐ _____
☐ _____

Things To Do

☐ ....
☐ ....
☐ ....
☐ ....
☐ ....
☐ ....
☐ ....
☐ ....

Water intake

○ ○ ○ ○ ○ ○ ○ ○

Meals

B ....
L ....
S ....
D ....

Notes

get *things* done

Date: _____ ☐ Mo ☐ Tu ☐ We ☐ Th ☐ Fr ☐ Sa ☐ Su

Today's Top Priorities

1. _____ ☐
2. _____ ☐
3. _____ ☐
4. _____ ☐
5. _____ ☐

Things To Do

- ☐ _____
- ☐ _____
- ☐ _____
- ☐ _____
- ☐ _____
- ☐ _____
- ☐ _____
- ☐ _____

Today's Schedule

☐ _____
☐ _____
☐ _____
☐ _____
☐ _____
☐ _____
☐ _____

Water intake

○ ○ ○ ○ ○ ○ ○ ○

Meals

B _____
L _____
S _____
D _____

Notes

get *things* done

☐ Mo ☐ Tu ☐ We ☐ Th ☐ Fr ☐ Sa ☐ Su   **Date:** _____

Today's Top Priorities

1. _____ ☐
2. _____ ☐
3. _____ ☐
4. _____ ☐
5. _____ ☐

Things To Do

☐ _____
☐ _____
☐ _____
☐ _____
☐ _____
☐ _____
☐ _____
☐ _____
☐ _____

Today's Schedule

☐ _____
☐ _____
☐ _____
☐ _____
☐ _____
☐ _____
☐ _____

Water intake

○ ○ ○ ○ ○ ○ ○ ○

Meals

B _____
L _____
S _____
D _____

Notes

get *things* done

Date: .... ☐ Mo ☐ Tu ☐ We ☐ Th ☐ Fr ☐ Sa ☐ Su

Today's Top Priorities

1. .... ☐
2. .... ☐
3. .... ☐
4. .... ☐
5. .... ☐

Today's Schedule

☐	_____
☐	_____
☐	_____
☐	_____
☐	_____
☐	_____
☐	_____

Things To Do

- ☐ ....
- ☐ ....
- ☐ ....
- ☐ ....
- ☐ ....
- ☐ ....
- ☐ ....
- ☐ ....
- ☐ ....

Water intake

○ ○ ○ ○ ○ ○ ○ ○

Meals

B ....
L ....
S ....
D ....

Notes

get *things* done

☐ Mo ☐ Tu ☐ We ☐ Th ☐ Fr ☐ Sa ☐ Su   **Date:** _____

Today's Top Priorities

1. _____ ☐
2. _____ ☐
3. _____ ☐
4. _____ ☐
5. _____ ☐

Today's Schedule

☐ _____
☐ _____
☐ _____
☐ _____
☐ _____
☐ _____
☐ _____

Things To Do

☐ _____
☐ _____
☐ _____
☐ _____
☐ _____
☐ _____
☐ _____
☐ _____

Water intake

○ ○ ○ ○ ○ ○ ○ ○

Meals

B _____
L _____
S _____
D _____

Notes

get *things* done

Date: .... ☐ Mo ☐ Tu ☐ We ☐ Th ☐ Fr ☐ Sa ☐ Su

Today's Top Priorities

1. ☐
2. ☐
3. ☐
4. ☐
5. ☐

Today's Schedule

☐ _____
☐ _____
☐ _____
☐ _____
☐ _____
☐ _____
☐ _____

Things To Do

- ☐
- ☐
- ☐
- ☐
- ☐
- ☐
- ☐
- ☐

Water intake

○ ○ ○ ○ ○ ○ ○ ○

Meals

B _____
L _____
S _____
D _____

Notes

get *things* done

☐ Mo ☐ Tu ☐ We ☐ Th ☐ Fr ☐ Sa ☐ Su   **Date:** _____

Today's Top Priorities

1. _____ ☐
2. _____ ☐
3. _____ ☐
4. _____ ☐
5. _____ ☐

Today's Schedule

☐ _____
☐ _____
☐ _____
☐ _____
☐ _____
☐ _____
☐ _____

Things To Do

☐ _____
☐ _____
☐ _____
☐ _____
☐ _____
☐ _____
☐ _____
☐ _____

Water intake

○ ○ ○ ○ ○ ○ ○ ○

Meals

B _____
L _____
S _____
D _____

Notes

get *things* done

Date: .... ☐ Mo ☐ Tu ☐ We ☐ Th ☐ Fr ☐ Sa ☐ Su

---

Today's Top Priorities

1. .... ☐
2. .... ☐
3. .... ☐
4. .... ☐
5. .... ☐

Things To Do

☐ ....
☐ ....
☐ ....
☐ ....
☐ ....
☐ ....
☐ ....
☐ ....

Today's Schedule

☐	_____
☐	_____
☐	_____
☐	_____
☐	_____
☐	_____
☐	_____

Water intake

○ ○ ○ ○ ○ ○ ○ ○

Meals

B ....
L ....
S ....
D ....

Notes

get *things* done

☐ Mo ☐ Tu ☐ We ☐ Th ☐ Fr ☐ Sa ☐ Su   **Date:** ....

Today's Top Priorities

1. .... ☐
2. .... ☐
3. .... ☐
4. .... ☐
5. .... ☐

Things To Do

☐ ....
☐ ....
☐ ....
☐ ....
☐ ....
☐ ....
☐ ....
☐ ....

Today's Schedule

☐ _____
☐ _____
☐ _____
☐ _____
☐ _____
☐ _____
☐ _____

Water intake

○ ᵤ ○ ᵤ ○ ᵤ ○ ᵤ ○ ᵤ

Meals

B ....
L ....
S ....
D ....

Notes

get *things* done

Date: .... ☐ Mo ☐ Tu ☐ We ☐ Th ☐ Fr ☐ Sa ☐ Su

Today's Top Priorities

1. .... ☐
2. .... ☐
3. .... ☐
4. .... ☐
5. .... ☐

Things To Do

☐ ....
☐ ....
☐ ....
☐ ....
☐ ....
☐ ....
☐ ....
☐ ....

Today's Schedule

☐ _____
☐ _____
☐ _____
☐ _____
☐ _____
☐ _____
☐ _____
☐ _____

Water intake

○ ○ ○ ○ ○ ○ ○ ○

Meals

B ....
L ....
S ....
D ....

Notes

get *things* done

☐ Mo ☐ Tu ☐ We ☐ Th ☐ Fr ☐ Sa ☐ Su   *Date:* _____

Today's Top Priorities

1. _____ ☐
2. _____ ☐
3. _____ ☐
4. _____ ☐
5. _____ ☐

Things To Do

☐ _____
☐ _____
☐ _____
☐ _____
☐ _____
☐ _____
☐ _____
☐ _____
☐ _____

Today's Schedule

☐ _____
☐ _____
☐ _____
☐ _____
☐ _____
☐ _____
☐ _____

Water intake

○ ○ ○ ○ ○ ○ ○ ○

Meals

B _____
L _____
S _____
D _____

Notes

get *things* done

Date: _____ ☐ Mo ☐ Tu ☐ We ☐ Th ☐ Fr ☐ Sa ☐ Su

Today's Top Priorities

1. _____ ☐
2. _____ ☐
3. _____ ☐
4. _____ ☐
5. _____ ☐

Today's Schedule

☐ _____
☐ _____
☐ _____
☐ _____
☐ _____
☐ _____
☐ _____

Things To Do

☐ _____
☐ _____
☐ _____
☐ _____
☐ _____
☐ _____
☐ _____
☐ _____

Water intake

○ ○ ○ ○ ○ ○ ○ ○

Meals

B _____
L _____
S _____
D _____

Notes

get *things* done

☐ Mo ☐ Tu ☐ We ☐ Th ☐ Fr ☐ Sa ☐ Su   **Date:** _____

Today's Top Priorities

1. _____ ☐
2. _____ ☐
3. _____ ☐
4. _____ ☐
5. _____ ☐

Things To Do

☐ _____
☐ _____
☐ _____
☐ _____
☐ _____
☐ _____
☐ _____
☐ _____

Today's Schedule

☐ _____
☐ _____
☐ _____
☐ _____
☐ _____
☐ _____
☐ _____

Water intake

○ ○ ○ ○ ○ ○ ○ ○

Meals

B _____
L _____
S _____
D _____

Notes

get *things* done

Date: .... ☐ Mo ☐ Tu ☐ We ☐ Th ☐ Fr ☐ Sa ☐ Su

Today's Top Priorities

1. .... ☐
2. .... ☐
3. .... ☐
4. .... ☐
5. .... ☐

Things To Do

☐ ....
☐ ....
☐ ....
☐ ....
☐ ....
☐ ....
☐ ....
☐ ....

Today's Schedule

☐ _____
☐ _____
☐ _____
☐ _____
☐ _____
☐ _____
☐ _____

Water intake

○ ○ ○ ○ ○ ○ ○ ○

Meals

B _____
L _____
S _____
D _____

Notes

get *things* done

☐ Mo ☐ Tu ☐ We ☐ Th ☐ Fr ☐ Sa ☐ Su **Date:** ....

Today's Top Priorities

1. .... ☐
2. .... ☐
3. .... ☐
4. .... ☐
5. .... ☐

Today's Schedule

☐ _____
☐ _____
☐ _____
☐ _____
☐ _____
☐ _____
☐ _____

Things To Do

☐ ....
☐ ....
☐ ....
☐ ....
☐ ....
☐ ....
☐ ....
☐ ....
☐ ....

Water intake

○ ○ ○ ○ ○ ○ ○ ○

Meals

B ....
L ....
S ....
D ....

Notes

get *things* done

Date: .... ☐ Mo ☐ Tu ☐ We ☐ Th ☐ Fr ☐ Sa ☐ Su

Today's Top Priorities

1. .... ☐
2. .... ☐
3. .... ☐
4. .... ☐
5. .... ☐

Today's Schedule

☐ _____
☐ _____
☐ _____
☐ _____
☐ _____
☐ _____
☐ _____

Things To Do

☐ ....
☐ ....
☐ ....
☐ ....
☐ ....
☐ ....
☐ ....
☐ ....

Water intake

○ ○ ○ ○ ○ ○ ○ ○

Meals

B ....
L ....
S ....
D ....

Notes

get *things* done

☐ Mo ☐ Tu ☐ We ☐ Th ☐ Fr ☐ Sa ☐ Su   **Date:** _____

Today's Top Priorities

1. _____ ☐
2. _____ ☐
3. _____ ☐
4. _____ ☐
5. _____ ☐

Things To Do

☐ _____
☐ _____
☐ _____
☐ _____
☐ _____
☐ _____
☐ _____
☐ _____
☐ _____

Today's Schedule

☐ _____
☐ _____
☐ _____
☐ _____
☐ _____
☐ _____
☐ _____

Water intake

○ ○ ○ ○ ○ ○ ○ ○

Meals

B _____
L _____
S _____
D _____

Notes

get *things* done

Date: _____ ☐ Mo ☐ Tu ☐ We ☐ Th ☐ Fr ☐ Sa ☐ Su

Today's Top Priorities

1. _____ ☐
2. _____ ☐
3. _____ ☐
4. _____ ☐
5. _____ ☐

Today's Schedule

☐ _____
☐ _____
☐ _____
☐ _____
☐ _____
☐ _____
☐ _____

Things To Do

☐ _____
☐ _____
☐ _____
☐ _____
☐ _____
☐ _____
☐ _____
☐ _____

Water intake

○ ○ ○ ○ ○ ○ ○ ○

Meals

B _____
L _____
S _____
D _____

Notes

get *things* done

☐ Mo ☐ Tu ☐ We ☐ Th ☐ Fr ☐ Sa ☐ Su   **Date:** ....

Today's Top Priorities

1. .... ☐
2. .... ☐
3. .... ☐
4. .... ☐
5. .... ☐

Today's Schedule

☐	_____
☐	_____
☐	_____
☐	_____
☐	_____
☐	_____
☐	_____

Things To Do

☐ ....
☐ ....
☐ ....
☐ ....
☐ ....
☐ ....
☐ ....
☐ ....

Water intake

○ ○ ○ ○ ○ ○ ○ ○

Meals

B ....
L ....
S ....
D ....

Notes

get *things* done

Date: .... ☐ Mo ☐ Tu ☐ We ☐ Th ☐ Fr ☐ Sa ☐ Su

Today's Top Priorities

1. .... ☐
2. .... ☐
3. .... ☐
4. .... ☐
5. .... ☐

Today's Schedule

☐	_____
☐	_____
☐	_____
☐	_____
☐	_____
☐	_____
☐	_____
☐	_____

Things To Do

☐ ....
☐ ....
☐ ....
☐ ....
☐ ....
☐ ....
☐ ....
☐ ....
☐ ....

Water intake

○ ○ ○ ○ ○ ○ ○ ○

Meals

B ....
L ....
S ....
D ....

Notes

get *things* done

☐ Mo ☐ Tu ☐ We ☐ Th ☐ Fr ☐ Sa ☐ Su   **Date:** _____

Today's Top Priorities

1. _____ ☐
2. _____ ☐
3. _____ ☐
4. _____ ☐
5. _____ ☐

Today's Schedule

[ ] _____
[ ] _____
[ ] _____
[ ] _____
[ ] _____
[ ] _____
[ ] _____

Things To Do

☐ _____
☐ _____
☐ _____
☐ _____
☐ _____
☐ _____
☐ _____
☐ _____

Water intake

○ ○ ○ ○ ○ ○ ○ ○

Meals

B _____
L _____
S _____
D _____

Notes

get *things* done

Date: .... ☐ Mo ☐ Tu ☐ We ☐ Th ☐ Fr ☐ Sa ☐ Su

Today's Top Priorities

1. .... ☐
2. .... ☐
3. .... ☐
4. .... ☐
5. .... ☐

Things To Do

☐ ....
☐ ....
☐ ....
☐ ....
☐ ....
☐ ....
☐ ....
☐ ....

Today's Schedule

☐ _____
☐ _____
☐ _____
☐ _____
☐ _____
☐ _____
☐ _____
☐ _____

Water intake

○ ▯ ○ ▯ ○ ▯ ○ ▯ ○ ▯

Meals

B ....
L ....
S ....
D ....

Notes

get *things* done

☐ Mo ☐ Tu ☐ We ☐ Th ☐ Fr ☐ Sa ☐ Su   *Date:* ....

Today's Top Priorities

1. .... ☐
2. .... ☐
3. .... ☐
4. .... ☐
5. .... ☐

Today's Schedule

☐ _____
☐ _____
☐ _____
☐ _____
☐ _____
☐ _____
☐ _____

Things To Do

☐ ....
☐ ....
☐ ....
☐ ....
☐ ....
☐ ....
☐ ....
☐ ....

Water intake

○ ○ ○ ○ ○ ○ ○ ○

Meals

B ....
L ....
S ....
D ....

Notes

get *things* done

Date: .... ☐ Mo ☐ Tu ☐ We ☐ Th ☐ Fr ☐ Sa ☐ Su

Today's Top Priorities

1. .... ☐
2. .... ☐
3. .... ☐
4. .... ☐
5. .... ☐

Things To Do

- ☐ ....
- ☐ ....
- ☐ ....
- ☐ ....
- ☐ ....
- ☐ ....
- ☐ ....
- ☐ ....

Today's Schedule

☐	_____
☐	_____
☐	_____
☐	_____
☐	_____
☐	_____
☐	_____

Water intake

○ ○ ○ ○ ○ ○ ○ ○

Meals

B ....
L ....
S ....
D ....

Notes

get *things* done

☐ Mo ☐ Tu ☐ We ☐ Th ☐ Fr ☐ Sa ☐ Su **Date:** ....

Today's Top Priorities

1. .... ☐
2. .... ☐
3. .... ☐
4. .... ☐
5. .... ☐

Things To Do

☐ ....
☐ ....
☐ ....
☐ ....
☐ ....
☐ ....
☐ ....
☐ ....

Today's Schedule

☐ _____
☐ _____
☐ _____
☐ _____
☐ _____
☐ _____
☐ _____

Water intake

○ ○ ○ ○ ○ ○ ○ ○

Meals

B ....
L ....
S ....
D ....

Notes

get *things* done

Date: .... ☐ Mo ☐ Tu ☐ We ☐ Th ☐ Fr ☐ Sa ☐ Su

Today's Top Priorities

1. .... ☐
2. .... ☐
3. .... ☐
4. .... ☐
5. .... ☐

Things To Do

☐ ....
☐ ....
☐ ....
☐ ....
☐ ....
☐ ....
☐ ....
☐ ....

Today's Schedule

☐ _____
☐ _____
☐ _____
☐ _____
☐ _____
☐ _____
☐ _____
☐ _____

Water intake

○ ○ ○ ○ ○ ○ ○ ○

Meals

B ....
L ....
S ....
D ....

Notes

get *things* done

☐ Mo ☐ Tu ☐ We ☐ Th ☐ Fr ☐ Sa ☐ Su   **Date:** ....

Today's Top Priorities

1. .... ☐
2. .... ☐
3. .... ☐
4. .... ☐
5. .... ☐

Today's Schedule

☐ _____
☐ _____
☐ _____
☐ _____
☐ _____
☐ _____
☐ _____

Things To Do

☐ ....
☐ ....
☐ ....
☐ ....
☐ ....
☐ ....
☐ ....
☐ ....
☐ ....

Water intake

○ ○ ○ ○ ○ ○ ○ ○

Meals

B ....
L ....
S ....
D ....

Notes

get *things* done

Date: .... ☐ Mo ☐ Tu ☐ We ☐ Th ☐ Fr ☐ Sa ☐ Su

Today's Top Priorities

1. .... ☐
2. .... ☐
3. .... ☐
4. .... ☐
5. .... ☐

Things To Do

☐ ....
☐ ....
☐ ....
☐ ....
☐ ....
☐ ....
☐ ....
☐ ....

Today's Schedule

☐ _____
☐ _____
☐ _____
☐ _____
☐ _____
☐ _____
☐ _____

Water intake

○ ○ ○ ○ ○ ○ ○ ○

Meals

B ....
L ....
S ....
D ....

Notes

get *things* done

☐ Mo ☐ Tu ☐ We ☐ Th ☐ Fr ☐ Sa ☐ Su **Date:** ....

Today's Top Priorities

1. .... ☐
2. .... ☐
3. .... ☐
4. .... ☐
5. .... ☐

Things To Do

☐ ....
☐ ....
☐ ....
☐ ....
☐ ....
☐ ....
☐ ....
☐ ....
☐ ....

Today's Schedule

☐ _____
☐ _____
☐ _____
☐ _____
☐ _____
☐ _____
☐ _____

Water intake

○ ○ ○ ○ ○ ○ ○ ○

Meals

B ....
L ....
S ....
D ....

Notes

get *things* done

Date: _____ ☐ Mo ☐ Tu ☐ We ☐ Th ☐ Fr ☐ Sa ☐ Su

Today's Top Priorities

1. _____ ☐
2. _____ ☐
3. _____ ☐
4. _____ ☐
5. _____ ☐

Today's Schedule

☐ _____
☐ _____
☐ _____
☐ _____
☐ _____
☐ _____
☐ _____

Things To Do

☐ _____
☐ _____
☐ _____
☐ _____
☐ _____
☐ _____
☐ _____
☐ _____

Water intake

○ ○ ○ ○ ○ ○ ○ ○

Meals

B _____
L _____
S _____
D _____

Notes

get *things* done

☐ Mo ☐ Tu ☐ We ☐ Th ☐ Fr ☐ Sa ☐ Su   **Date:** _____

Today's Top Priorities

1. _____ ☐
2. _____ ☐
3. _____ ☐
4. _____ ☐
5. _____ ☐

Things To Do

☐ _____
☐ _____
☐ _____
☐ _____
☐ _____
☐ _____
☐ _____
☐ _____
☐ _____

Today's Schedule

☐	_____
☐	_____
☐	_____
☐	_____
☐	_____
☐	_____
☐	_____

Water intake

○ ○ ○ ○ ○ ○ ○

Meals

B _____
L _____
S _____
D _____

Notes

get *things* done

Date: _____ ☐ Mo ☐ Tu ☐ We ☐ Th ☐ Fr ☐ Sa ☐ Su

Today's Top Priorities

1. _____ ☐
2. _____ ☐
3. _____ ☐
4. _____ ☐
5. _____ ☐

Things To Do

☐ _____
☐ _____
☐ _____
☐ _____
☐ _____
☐ _____
☐ _____
☐ _____
☐ _____

Today's Schedule

☐ _____
☐ _____
☐ _____
☐ _____
☐ _____
☐ _____
☐ _____
☐ _____

Water intake

○ ○ ○ ○ ○ ○ ○ ○

Meals

B _____
L _____
S _____
D _____

Notes

get *things* done

☐ Mo ☐ Tu ☐ We ☐ Th ☐ Fr ☐ Sa ☐ Su   **Date:** ....

Today's Top Priorities

1. .... ☐
2. .... ☐
3. .... ☐
4. .... ☐
5. .... ☐

Things To Do

☐ ....
☐ ....
☐ ....
☐ ....
☐ ....
☐ ....
☐ ....
☐ ....

Today's Schedule

☐ _____
☐ _____
☐ _____
☐ _____
☐ _____
☐ _____
☐ _____

Water intake

○ ○ ○ ○ ○ ○ ○ ○

Meals

B ....
L ....
S ....
D ....

Notes

get *things* done

Date: .... ☐ Mo ☐ Tu ☐ We ☐ Th ☐ Fr ☐ Sa ☐ Su

Today's Top Priorities

1. .... ☐
2. .... ☐
3. .... ☐
4. .... ☐
5. .... ☐

Today's Schedule

☐ _____
☐ _____
☐ _____
☐ _____
☐ _____
☐ _____
☐ _____
☐ _____

Things To Do

☐ ....
☐ ....
☐ ....
☐ ....
☐ ....
☐ ....
☐ ....
☐ ....
☐ ....

Water intake

○ ○ ○ ○ ○ ○ ○ ○

Meals

B ....
L ....
S ....
D ....

Notes

get *things* done

☐ Mo ☐ Tu ☐ We ☐ Th ☐ Fr ☐ Sa ☐ Su   **Date:** ....

Today's Top Priorities

1. .... ☐
2. .... ☐
3. .... ☐
4. .... ☐
5. .... ☐

Today's Schedule

☐ _____
☐ _____
☐ _____
☐ _____
☐ _____
☐ _____
☐ _____

Things To Do

☐ ....
☐ ....
☐ ....
☐ ....
☐ ....
☐ ....
☐ ....
☐ ....
☐ ....

Water intake

○ ○ ○ ○ ○ ○ ○ ○

Meals

B ....
L ....
S ....
D ....

Notes

get *things* done

Date: _____ ☐ Mo ☐ Tu ☐ We ☐ Th ☐ Fr ☐ Sa ☐ Su

Today's Top Priorities

1. ☐
2. ☐
3. ☐
4. ☐
5. ☐

Today's Schedule

☐ _____
☐ _____
☐ _____
☐ _____
☐ _____
☐ _____
☐ _____

Things To Do

☐ _____
☐ _____
☐ _____
☐ _____
☐ _____
☐ _____
☐ _____
☐ _____

Water intake

○ ○ ○ ○ ○ ○ ○ ○

Meals

B _____
L _____
S _____
D _____

Notes

get *things* done

☐ Mo ☐ Tu ☐ We ☐ Th ☐ Fr ☐ Sa ☐ Su   **Date:** _____

Today's Top Priorities

1. _____ ☐
2. _____ ☐
3. _____ ☐
4. _____ ☐
5. _____ ☐

Things To Do

☐ _____
☐ _____
☐ _____
☐ _____
☐ _____
☐ _____
☐ _____
☐ _____
☐ _____
☐ _____

Today's Schedule

☐ _____
☐ _____
☐ _____
☐ _____
☐ _____
☐ _____
☐ _____

Water intake

○ ○ ○ ○ ○ ○ ○ ○

Meals

B _____
L _____
S _____
D _____

Notes

get *things* done

Date: _____ ☐ Mo ☐ Tu ☐ We ☐ Th ☐ Fr ☐ Sa ☐ Su

Today's Top Priorities

1. _____ ☐
2. _____ ☐
3. _____ ☐
4. _____ ☐
5. _____ ☐

Things To Do

☐ _____
☐ _____
☐ _____
☐ _____
☐ _____
☐ _____
☐ _____
☐ _____

Today's Schedule

☐ _____
☐ _____
☐ _____
☐ _____
☐ _____
☐ _____
☐ _____

Water intake

◯ ◯ ◯ ◯ ◯ ◯ ◯ ◯

Meals

B _____
L _____
S _____
D _____

Notes

get *things* done

☐ Mo ☐ Tu ☐ We ☐ Th ☐ Fr ☐ Sa ☐ Su   **Date:** ....

Today's Top Priorities

1. .... ☐
2. .... ☐
3. .... ☐
4. .... ☐
5. .... ☐

Today's Schedule

☐ _____
☐ _____
☐ _____
☐ _____
☐ _____
☐ _____
☐ _____

Things To Do

☐ ....
☐ ....
☐ ....
☐ ....
☐ ....
☐ ....
☐ ....
☐ ....

Water intake

○ ○ ○ ○ ○ ○ ○ ○

Meals

B ....
L ....
S ....
D ....

Notes

get *things* done

Date: _____ ☐ Mo ☐ Tu ☐ We ☐ Th ☐ Fr ☐ Sa ☐ Su

Today's Top Priorities

1. _____ ☐
2. _____ ☐
3. _____ ☐
4. _____ ☐
5. _____ ☐

Today's Schedule

☐	_____
☐	_____
☐	_____
☐	_____
☐	_____
☐	_____
☐	_____

Things To Do

☐ _____
☐ _____
☐ _____
☐ _____
☐ _____
☐ _____
☐ _____
☐ _____
☐ _____

Water intake

○ ○ ○ ○ ○ ○ ○ ○

Meals

B _____
L _____
S _____
D _____

Notes

get *things* done

☐ Mo ☐ Tu ☐ We ☐ Th ☐ Fr ☐ Sa ☐ Su   **Date:** _____

Today's Top Priorities

1. _____ ☐
2. _____ ☐
3. _____ ☐
4. _____ ☐
5. _____ ☐

Today's Schedule

☐ _____
☐ _____
☐ _____
☐ _____
☐ _____
☐ _____
☐ _____

Things To Do

☐ _____
☐ _____
☐ _____
☐ _____
☐ _____
☐ _____
☐ _____
☐ _____
☐ _____

Water intake

○ ○ ○ ○ ○ ○ ○ ○

Meals

B _____
L _____
S _____
D _____

Notes

get *things* done

Date: .... ☐ Mo ☐ Tu ☐ We ☐ Th ☐ Fr ☐ Sa ☐ Su

---

Today's Top Priorities

1. .... ☐
2. .... ☐
3. .... ☐
4. .... ☐
5. .... ☐

Things To Do

☐ ....
☐ ....
☐ ....
☐ ....
☐ ....
☐ ....
☐ ....
☐ ....

Today's Schedule

☐ _____
☐ _____
☐ _____
☐ _____
☐ _____
☐ _____
☐ _____
☐ _____

Water intake

○ ○ ○ ○ ○ ○ ○ ○

Meals

B ....
L ....
S ....
D ....

Notes

get *things* done

☐ Mo ☐ Tu ☐ We ☐ Th ☐ Fr ☐ Sa ☐ Su   **Date:** ....

Today's Top Priorities

1. .... ☐
2. .... ☐
3. .... ☐
4. .... ☐
5. .... ☐

Things To Do

☐ ....
☐ ....
☐ ....
☐ ....
☐ ....
☐ ....
☐ ....
☐ ....
☐ ....

Today's Schedule

☐ _____
☐ _____
☐ _____
☐ _____
☐ _____
☐ _____
☐ _____

Water intake

○ ○ ○ ○ ○ ○ ○ ○

Meals

B ....
L ....
S ....
D ....

Notes

get *things* done

Date: .... ☐ Mo ☐ Tu ☐ We ☐ Th ☐ Fr ☐ Sa ☐ Su

---

Today's Top Priorities

1. .... ☐
2. .... ☐
3. .... ☐
4. .... ☐
5. .... ☐

Things To Do

☐ ....
☐ ....
☐ ....
☐ ....
☐ ....
☐ ....
☐ ....
☐ ....
☐ ....

Today's Schedule

☐ _____
☐ _____
☐ _____
☐ _____
☐ _____
☐ _____
☐ _____

Water intake

○ ○ ○ ○ ○ ○ ○ ○

Meals

B ....
L ....
S ....
D ....

Notes

get *things* done

☐ Mo ☐ Tu ☐ We ☐ Th ☐ Fr ☐ Sa ☐ Su   **Date:** _____

Today's Top Priorities

1. _____ ☐
2. _____ ☐
3. _____ ☐
4. _____ ☐
5. _____ ☐

Today's Schedule

☐ _____
☐ _____
☐ _____
☐ _____
☐ _____
☐ _____
☐ _____

Things To Do

☐ _____
☐ _____
☐ _____
☐ _____
☐ _____
☐ _____
☐ _____
☐ _____

Water intake

○ ○ ○ ○ ○ ○ ○ ○

Meals

B _____
L _____
S _____
D _____

Notes

get *things* done

Date: .... ☐ Mo ☐ Tu ☐ We ☐ Th ☐ Fr ☐ Sa ☐ Su

---

Today's Top Priorities

1. .... ☐
2. .... ☐
3. .... ☐
4. .... ☐
5. .... ☐

Today's Schedule

☐ _____
☐ _____
☐ _____
☐ _____
☐ _____
☐ _____
☐ _____

Things To Do

☐ ....
☐ ....
☐ ....
☐ ....
☐ ....
☐ ....
☐ ....
☐ ....
☐ ....

Water intake

○ ○ ○ ○ ○ ○ ○ ○

Meals

B ....
L ....
S ....
D ....

Notes

… get *things* done …

☐ Mo ☐ Tu ☐ We ☐ Th ☐ Fr ☐ Sa ☐ Su **Date:** ....

Today's Top Priorities

1. .... ☐
2. .... ☐
3. .... ☐
4. .... ☐
5. .... ☐

Things To Do

☐ ....
☐ ....
☐ ....
☐ ....
☐ ....
☐ ....
☐ ....
☐ ....
☐ ....

Today's Schedule

☐ _____
☐ _____
☐ _____
☐ _____
☐ _____
☐ _____
☐ _____

Water intake

○ ○ ○ ○ ○ ○ ○ ○

Meals

B ....
L ....
S ....
D ....

Notes

get *things* done

Date: .... ☐ Mo ☐ Tu ☐ We ☐ Th ☐ Fr ☐ Sa ☐ Su

---

Today's Top Priorities

1. .... ☐
2. .... ☐
3. .... ☐
4. .... ☐
5. .... ☐

Today's Schedule

☐	_____
☐	_____
☐	_____
☐	_____
☐	_____
☐	_____
☐	_____

Things To Do

☐ ....
☐ ....
☐ ....
☐ ....
☐ ....
☐ ....
☐ ....
☐ ....

Water intake

○ ○ ○ ○ ○ ○ ○ ○

Meals

B ....
L ....
S ....
D ....

Notes

get *things* done

☐ Mo ☐ Tu ☐ We ☐ Th ☐ Fr ☐ Sa ☐ Su   **Date:** ....

Today's Top Priorities

1. .... ☐
2. .... ☐
3. .... ☐
4. .... ☐
5. .... ☐

Today's Schedule

▢	_____
▢	_____
▢	_____
▢	_____
▢	_____
▢	_____
▢	_____

Things To Do

☐ ....
☐ ....
☐ ....
☐ ....
☐ ....
☐ ....
☐ ....
☐ ....
☐ ....

Water intake

○ ○ ○ ○ ○ ○ ○

Meals

B ....
L ....
S ....
D ....

Notes

get *things* done

Date: ☐ Mo ☐ Tu ☐ We ☐ Th ☐ Fr ☐ Sa ☐ Su

Today's Top Priorities

1. ☐
2. ☐
3. ☐
4. ☐
5. ☐

Today's Schedule

	_____
	_____
	_____
	_____
	_____
	_____
	_____

Things To Do

- ☐
- ☐
- ☐
- ☐
- ☐
- ☐
- ☐
- ☐

Water intake

○ ○ ○ ○ ○ ○ ○ ○

Meals

B _____
L _____
S _____
D _____

Notes

get *things* done

☐ Mo ☐ Tu ☐ We ☐ Th ☐ Fr ☐ Sa ☐ Su   **Date:** _____

Today's Top Priorities

1. _____ ☐
2. _____ ☐
3. _____ ☐
4. _____ ☐
5. _____ ☐

Today's Schedule

☐	_____
☐	_____
☐	_____
☐	_____
☐	_____
☐	_____
☐	_____

Things To Do

☐ _____
☐ _____
☐ _____
☐ _____
☐ _____
☐ _____
☐ _____
☐ _____

Water intake

○ ○ ○ ○ ○ ○ ○ ○

Meals

B _____
L _____
S _____
D _____

Notes

get *things* done

Date: .... ☐ Mo ☐ Tu ☐ We ☐ Th ☐ Fr ☐ Sa ☐ Su

Today's Top Priorities

1. .... ☐
2. .... ☐
3. .... ☐
4. .... ☐
5. .... ☐

Today's Schedule

	_____
	_____
	_____
	_____
	_____
	_____
	_____

Things To Do

☐ ....
☐ ....
☐ ....
☐ ....
☐ ....
☐ ....
☐ ....
☐ ....

Water intake

○ ○ ○ ○ ○ ○ ○ ○

Meals

B ....
L ....
S ....
D ....

Notes

get *things* done

☐ Mo ☐ Tu ☐ We ☐ Th ☐ Fr ☐ Sa ☐ Su **Date:** _____

Today's Top Priorities

1. _____ ☐
2. _____ ☐
3. _____ ☐
4. _____ ☐
5. _____ ☐

Things To Do

☐ _____
☐ _____
☐ _____
☐ _____
☐ _____
☐ _____
☐ _____
☐ _____
☐ _____

Today's Schedule

☐ _____
☐ _____
☐ _____
☐ _____
☐ _____
☐ _____
☐ _____

Water intake

○ ○ ○ ○ ○ ○ ○ ○

Meals

B _____
L _____
S _____
D _____

Notes

get *things* done

Date: _____ ☐ Mo ☐ Tu ☐ We ☐ Th ☐ Fr ☐ Sa ☐ Su

Today's Top Priorities

1. _____ ☐
2. _____ ☐
3. _____ ☐
4. _____ ☐
5. _____ ☐

Things To Do

- ☐ _____
- ☐ _____
- ☐ _____
- ☐ _____
- ☐ _____
- ☐ _____
- ☐ _____
- ☐ _____

Today's Schedule

☐ _____
☐ _____
☐ _____
☐ _____
☐ _____
☐ _____
☐ _____

Water intake

○ ◉ ○ ◉ ○ ◉ ○ ◉ ○ ◉

Meals

B _____
L _____
S _____
D _____

Notes

get *things* done

☐ Mo ☐ Tu ☐ We ☐ Th ☐ Fr ☐ Sa ☐ Su   **Date:** _____

Today's Top Priorities

1. _____ ☐
2. _____ ☐
3. _____ ☐
4. _____ ☐
5. _____ ☐

Today's Schedule

☐ _____
☐ _____
☐ _____
☐ _____
☐ _____
☐ _____
☐ _____

Things To Do

☐ _____
☐ _____
☐ _____
☐ _____
☐ _____
☐ _____
☐ _____
☐ _____

Water intake

○ ○ ○ ○ ○ ○ ○ ○

Meals

B _____
L _____
S _____
D _____

Notes

get *things* done

Date: .... ☐ Mo ☐ Tu ☐ We ☐ Th ☐ Fr ☐ Sa ☐ Su

Today's Top Priorities

1. .... ☐
2. .... ☐
3. .... ☐
4. .... ☐
5. .... ☐

Things To Do

☐ ....
☐ ....
☐ ....
☐ ....
☐ ....
☐ ....
☐ ....
☐ ....
☐ ....

Today's Schedule

▭ _____
▭ _____
▭ _____
▭ _____
▭ _____
▭ _____
▭ _____

Water intake

○ ○ ○ ○ ○ ○ ○ ○

Meals

B ....
L ....
S ....
D ....

Notes

get *things* done

☐ Mo ☐ Tu ☐ We ☐ Th ☐ Fr ☐ Sa ☐ Su   **Date:** _____

Today's Top Priorities

1. _____ ☐
2. _____ ☐
3. _____ ☐
4. _____ ☐
5. _____ ☐

Things To Do

- ☐ _____
- ☐ _____
- ☐ _____
- ☐ _____
- ☐ _____
- ☐ _____
- ☐ _____
- ☐ _____

Today's Schedule

☐ _____
☐ _____
☐ _____
☐ _____
☐ _____
☐ _____
☐ _____

Water intake

○ ○ ○ ○ ○ ○ ○ ○

Meals

B _____
L _____
S _____
D _____

Notes

get *things* done

Date: .... ☐ Mo ☐ Tu ☐ We ☐ Th ☐ Fr ☐ Sa ☐ Su

Today's Top Priorities

1. .... ☐
2. .... ☐
3. .... ☐
4. .... ☐
5. .... ☐

Things To Do

☐ ....
☐ ....
☐ ....
☐ ....
☐ ....
☐ ....
☐ ....
☐ ....

Today's Schedule

☐ _____
☐ _____
☐ _____
☐ _____
☐ _____
☐ _____
☐ _____

Water intake

○ ○ ○ ○ ○ ○ ○ ○

Meals

B ....
L ....
S ....
D ....

Notes

get *things* done

☐ Mo ☐ Tu ☐ We ☐ Th ☐ Fr ☐ Sa ☐ Su **Date:** ....

Today's Top Priorities

1. .... ☐
2. .... ☐
3. .... ☐
4. .... ☐
5. .... ☐

Things To Do

☐ ....
☐ ....
☐ ....
☐ ....
☐ ....
☐ ....
☐ ....
☐ ....

Today's Schedule

☐ _____
☐ _____
☐ _____
☐ _____
☐ _____
☐ _____
☐ _____

Water intake

○ ○ ○ ○ ○ ○ ○ ○

Meals

B ....
L ....
S ....
D ....

Notes

get *things* done

Date: .... ☐ Mo ☐ Tu ☐ We ☐ Th ☐ Fr ☐ Sa ☐ Su

Today's Top Priorities

1. .... ☐
2. .... ☐
3. .... ☐
4. .... ☐
5. .... ☐

Today's Schedule

[____] _____
[____] _____
[____] _____
[____] _____
[____] _____
[____] _____
[____] _____

Things To Do

☐ ....
☐ ....
☐ ....
☐ ....
☐ ....
☐ ....
☐ ....
☐ ....

Water intake

○ ○ ○ ○ ○ ○ ○ ○

Meals

B ....
L ....
S ....
D ....

Notes

get *things* done

☐ Mo ☐ Tu ☐ We ☐ Th ☐ Fr ☐ Sa ☐ Su   **Date:** _____

Today's Top Priorities

1. _____ ☐
2. _____ ☐
3. _____ ☐
4. _____ ☐
5. _____ ☐

Things To Do

☐ _____
☐ _____
☐ _____
☐ _____
☐ _____
☐ _____
☐ _____
☐ _____

Today's Schedule

☐ _____
☐ _____
☐ _____
☐ _____
☐ _____
☐ _____
☐ _____

Water intake

○ ○ ○ ○ ○ ○ ○ ○

Meals

B _____
L _____
S _____
D _____

Notes

get *things* done

Date: .... ☐ Mo ☐ Tu ☐ We ☐ Th ☐ Fr ☐ Sa ☐ Su

Today's Top Priorities

1. .... ☐
2. .... ☐
3. .... ☐
4. .... ☐
5. .... ☐

Today's Schedule

☐	_____
☐	_____
☐	_____
☐	_____
☐	_____
☐	_____
☐	_____

Things To Do

☐ ....
☐ ....
☐ ....
☐ ....
☐ ....
☐ ....
☐ ....
☐ ....

Water intake

○ ○ ○ ○ ○ ○ ○ ○

Meals

B ....
L ....
S ....
D ....

Notes

get *things* done

☐ Mo ☐ Tu ☐ We ☐ Th ☐ Fr ☐ Sa ☐ Su **Date:** _____

Today's Top Priorities

1. _____ ☐
2. _____ ☐
3. _____ ☐
4. _____ ☐
5. _____ ☐

Today's Schedule

☐ _____
☐ _____
☐ _____
☐ _____
☐ _____
☐ _____
☐ _____

Things To Do

☐ _____
☐ _____
☐ _____
☐ _____
☐ _____
☐ _____
☐ _____
☐ _____

Water intake

○ ○ ○ ○ ○ ○ ○ ○

Meals

B _____
L _____
S _____
D _____

Notes

get *things* done

Date: .... ☐ Mo ☐ Tu ☐ We ☐ Th ☐ Fr ☐ Sa ☐ Su

Today's Top Priorities

1. .... ☐
2. .... ☐
3. .... ☐
4. .... ☐
5. .... ☐

Today's Schedule

☐ _____
☐ _____
☐ _____
☐ _____
☐ _____
☐ _____
☐ _____
☐ _____

Things To Do

☐ ....
☐ ....
☐ ....
☐ ....
☐ ....
☐ ....
☐ ....
☐ ....
☐ ....

Water intake

○ ○ ○ ○ ○ ○ ○ ○

Meals

B ....
L ....
S ....
D ....

Notes

get *things* done

☐ Mo ☐ Tu ☐ We ☐ Th ☐ Fr ☐ Sa ☐ Su   **Date:** ....

Today's Top Priorities

1. .... ☐
2. .... ☐
3. .... ☐
4. .... ☐
5. .... ☐

Today's Schedule

☐ _____
☐ _____
☐ _____
☐ _____
☐ _____
☐ _____
☐ _____

Things To Do

☐ ....
☐ ....
☐ ....
☐ ....
☐ ....
☐ ....
☐ ....
☐ ....

Water intake

◯ ◯ ◯ ◯ ◯ ◯ ◯ ◯

Meals

B ....
L ....
S ....
D ....

Notes

get *things* done

Date: _____ ☐ Mo ☐ Tu ☐ We ☐ Th ☐ Fr ☐ Sa ☐ Su

Today's Top Priorities

1. _____ ☐
2. _____ ☐
3. _____ ☐
4. _____ ☐
5. _____ ☐

Things To Do

☐ _____
☐ _____
☐ _____
☐ _____
☐ _____
☐ _____
☐ _____
☐ _____

Today's Schedule

☐ _____
☐ _____
☐ _____
☐ _____
☐ _____
☐ _____
☐ _____
☐ _____

Water intake

○ ○ ○ ○ ○ ○ ○ ○

Meals

B _____
L _____
S _____
D _____

Notes

get *things* done

☐ Mo ☐ Tu ☐ We ☐ Th ☐ Fr ☐ Sa ☐ Su   **Date:** ....

Today's Top Priorities

1. .... ☐
2. .... ☐
3. .... ☐
4. .... ☐
5. .... ☐

Today's Schedule

- [ ] _____
- [ ] _____
- [ ] _____
- [ ] _____
- [ ] _____
- [ ] _____
- [ ] _____

Things To Do

- ☐ ....
- ☐ ....
- ☐ ....
- ☐ ....
- ☐ ....
- ☐ ....
- ☐ ....
- ☐ ....
- ☐ ....

Water intake

○ ○ ○ ○ ○ ○ ○ ○

Meals

B ....
L ....
S ....
D ....

Notes

get *things* done

Date: _____ ☐ Mo ☐ Tu ☐ We ☐ Th ☐ Fr ☐ Sa ☐ Su

Today's Top Priorities

1. _____ ☐
2. _____ ☐
3. _____ ☐
4. _____ ☐
5. _____ ☐

Things To Do

☐ _____
☐ _____
☐ _____
☐ _____
☐ _____
☐ _____
☐ _____
☐ _____

Today's Schedule

☐ _____
☐ _____
☐ _____
☐ _____
☐ _____
☐ _____
☐ _____

Water intake

○ ○ ○ ○ ○ ○ ○ ○

Meals

B _____
L _____
S _____
D _____

Notes

get *things* done

☐ Mo ☐ Tu ☐ We ☐ Th ☐ Fr ☐ Sa ☐ Su   **Date:** _____

Today's Top Priorities

1. _____ ☐
2. _____ ☐
3. _____ ☐
4. _____ ☐
5. _____ ☐

Things To Do

☐ _____
☐ _____
☐ _____
☐ _____
☐ _____
☐ _____
☐ _____
☐ _____

Today's Schedule

☐ _____
☐ _____
☐ _____
☐ _____
☐ _____
☐ _____
☐ _____

Water intake

○ ○ ○ ○ ○ ○ ○ ○

Meals

B _____
L _____
S _____
D _____

Notes

get *things* done

Date: .... ☐ Mo ☐ Tu ☐ We ☐ Th ☐ Fr ☐ Sa ☐ Su

---

Today's Top Priorities

1. .... ☐
2. .... ☐
3. .... ☐
4. .... ☐
5. .... ☐

Things To Do

☐ ....
☐ ....
☐ ....
☐ ....
☐ ....
☐ ....
☐ ....
☐ ....

Today's Schedule

☐ _____
☐ _____
☐ _____
☐ _____
☐ _____
☐ _____
☐ _____

Water intake

○ ○ ○ ○ ○ ○ ○ ○

Meals

B ....
L ....
S ....
D ....

Notes

get *things* done

☐ Mo ☐ Tu ☐ We ☐ Th ☐ Fr ☐ Sa ☐ Su   **Date:** _____

Today's Top Priorities

1. _____ ☐
2. _____ ☐
3. _____ ☐
4. _____ ☐
5. _____ ☐

Today's Schedule

☐ _____
☐ _____
☐ _____
☐ _____
☐ _____
☐ _____
☐ _____

Things To Do

☐ _____
☐ _____
☐ _____
☐ _____
☐ _____
☐ _____
☐ _____
☐ _____

Water intake

○ ○ ○ ○ ○ ○ ○ ○

Meals

B _____
L _____
S _____
D _____

Notes

get *things* done

Date: _____ ☐ Mo ☐ Tu ☐ We ☐ Th ☐ Fr ☐ Sa ☐ Su

Today's Top Priorities

1. _____ ☐
2. _____ ☐
3. _____ ☐
4. _____ ☐
5. _____ ☐

Today's Schedule

☐	_____
☐	_____
☐	_____
☐	_____
☐	_____
☐	_____
☐	_____

Things To Do

- ☐ _____
- ☐ _____
- ☐ _____
- ☐ _____
- ☐ _____
- ☐ _____
- ☐ _____
- ☐ _____
- ☐ _____

Water intake

○ ○ ○ ○ ○ ○ ○ ○

Meals

B: _____
L: _____
S: _____
D: _____

Notes

get *things* done

☐ Mo ☐ Tu ☐ We ☐ Th ☐ Fr ☐ Sa ☐ Su   **Date:** ....

Today's Top Priorities

1. .... ☐
2. .... ☐
3. .... ☐
4. .... ☐
5. .... ☐

Today's Schedule

☐ _____
☐ _____
☐ _____
☐ _____
☐ _____
☐ _____
☐ _____

Things To Do

☐ ....
☐ ....
☐ ....
☐ ....
☐ ....
☐ ....
☐ ....
☐ ....

Water intake

○ ○ ○ ○ ○ ○ ○ ○

Meals

B ....
L ....
S ....
D ....

Notes

get *things* done

Date: .... ☐ Mo ☐ Tu ☐ We ☐ Th ☐ Fr ☐ Sa ☐ Su

Today's Top Priorities

1. .... ☐
2. .... ☐
3. .... ☐
4. .... ☐
5. .... ☐

Today's Schedule

☐	_____
☐	_____
☐	_____
☐	_____
☐	_____
☐	_____
☐	_____
☐	_____

Things To Do

☐ ....
☐ ....
☐ ....
☐ ....
☐ ....
☐ ....
☐ ....
☐ ....
☐ ....

Water intake

○ ○ ○ ○ ○ ○ ○ ○

Meals

B ....
L ....
S ....
D ....

Notes

get *things* done

☐ Mo ☐ Tu ☐ We ☐ Th ☐ Fr ☐ Sa ☐ Su *Date:* _____

Today's Top Priorities

1. _____ ☐
2. _____ ☐
3. _____ ☐
4. _____ ☐
5. _____ ☐

Things To Do

☐ _____
☐ _____
☐ _____
☐ _____
☐ _____
☐ _____
☐ _____
☐ _____

Today's Schedule

☐ _____
☐ _____
☐ _____
☐ _____
☐ _____
☐ _____
☐ _____

Water intake

○ ○ ○ ○ ○ ○ ○ ○

Meals

B _____
L _____
S _____
D _____

Notes

get *things* done

Date: .... ☐ Mo ☐ Tu ☐ We ☐ Th ☐ Fr ☐ Sa ☐ Su

---

Today's Top Priorities

1. .... ☐
2. .... ☐
3. .... ☐
4. .... ☐
5. .... ☐

Today's Schedule

☐	_____
☐	_____
☐	_____
☐	_____
☐	_____
☐	_____
☐	_____

Things To Do

☐ ....
☐ ....
☐ ....
☐ ....
☐ ....
☐ ....
☐ ....
☐ ....
☐ ....

Water intake

○ ○ ○ ○ ○ ○ ○ ○

Meals

B ....
L ....
S ....
D ....

Notes

get *things* done

☐ Mo ☐ Tu ☐ We ☐ Th ☐ Fr ☐ Sa ☐ Su   **Date:** _____

Today's Top Priorities

1. _____ ☐
2. _____ ☐
3. _____ ☐
4. _____ ☐
5. _____ ☐

Things To Do

☐ _____
☐ _____
☐ _____
☐ _____
☐ _____
☐ _____
☐ _____
☐ _____
☐ _____

Today's Schedule

☐ _____
☐ _____
☐ _____
☐ _____
☐ _____
☐ _____
☐ _____

Water intake

○ ○ ○ ○ ○ ○ ○ ○

Meals

B _____
L _____
S _____
D _____

Notes

get *things* done

Date: .... ☐ Mo ☐ Tu ☐ We ☐ Th ☐ Fr ☐ Sa ☐ Su

Today's Top Priorities

1. .... ☐
2. .... ☐
3. .... ☐
4. .... ☐
5. .... ☐

Today's Schedule

☐ _____
☐ _____
☐ _____
☐ _____
☐ _____
☐ _____
☐ _____

Things To Do

- ☐ ....
- ☐ ....
- ☐ ....
- ☐ ....
- ☐ ....
- ☐ ....
- ☐ ....
- ☐ ....

Water intake

○ ○ ○ ○ ○ ○ ○ ○

Meals

B ....
L ....
S ....
D ....

Notes

get *things* done

☐ Mo ☐ Tu ☐ We ☐ Th ☐ Fr ☐ Sa ☐ Su   **Date:** ....

Today's Top Priorities

1. .... ☐
2. .... ☐
3. .... ☐
4. .... ☐
5. .... ☐

Things To Do

☐ ....
☐ ....
☐ ....
☐ ....
☐ ....
☐ ....
☐ ....
☐ ....

Today's Schedule

▭ _____
▭ _____
▭ _____
▭ _____
▭ _____
▭ _____
▭ _____

Water intake

○ ○ ○ ○ ○ ○ ○ ○

Meals

B ....
L ....
S ....
D ....

Notes

get *things* done

Date: _____ ☐ Mo ☐ Tu ☐ We ☐ Th ☐ Fr ☐ Sa ☐ Su

Today's Top Priorities

1. _____ ☐
2. _____ ☐
3. _____ ☐
4. _____ ☐
5. _____ ☐

Things To Do

☐ _____
☐ _____
☐ _____
☐ _____
☐ _____
☐ _____
☐ _____
☐ _____

Today's Schedule

☐ _____
☐ _____
☐ _____
☐ _____
☐ _____
☐ _____
☐ _____

Water intake

○ ○ ○ ○ ○ ○ ○ ○

Meals

B _____
L _____
S _____
D _____

Notes

get *things* done

☐ Mo ☐ Tu ☐ We ☐ Th ☐ Fr ☐ Sa ☐ Su   *Date:* ....

Today's Top Priorities

1. .... ☐
2. .... ☐
3. .... ☐
4. .... ☐
5. .... ☐

Today's Schedule

☐ _____
☐ _____
☐ _____
☐ _____
☐ _____
☐ _____
☐ _____

Things To Do

☐ ....
☐ ....
☐ ....
☐ ....
☐ ....
☐ ....
☐ ....
☐ ....

Water intake

○ ○ ○ ○ ○ ○ ○ ○

Meals

B ....
L ....
S ....
D ....

Notes

get *things* done

Date: _____ ☐ Mo ☐ Tu ☐ We ☐ Th ☐ Fr ☐ Sa ☐ Su

Today's Top Priorities

1. ☐
2. ☐
3. ☐
4. ☐
5. ☐

Today's Schedule

☐	_____
☐	_____
☐	_____
☐	_____
☐	_____
☐	_____
☐	_____

Things To Do

☐ _____
☐ _____
☐ _____
☐ _____
☐ _____
☐ _____
☐ _____
☐ _____

Water intake

○ ○ ○ ○ ○ ○ ○ ○

Meals

B _____
L _____
S _____
D _____

Notes

get *things* done

☐ Mo ☐ Tu ☐ We ☐ Th ☐ Fr ☐ Sa ☐ Su   **Date:** ....

Today's Top Priorities

1. .... ☐
2. .... ☐
3. .... ☐
4. .... ☐
5. .... ☐

Things To Do

☐ ....
☐ ....
☐ ....
☐ ....
☐ ....
☐ ....
☐ ....
☐ ....
☐ ....

Today's Schedule

☐ _____
☐ _____
☐ _____
☐ _____
☐ _____
☐ _____
☐ _____

Water intake

○ ○ ○ ○ ○ ○ ○ ○

Meals

B ....
L ....
S ....
D ....

Notes

get *things* done

Date: _____ ☐ Mo ☐ Tu ☐ We ☐ Th ☐ Fr ☐ Sa ☐ Su

Today's Top Priorities

1. _____ ☐
2. _____ ☐
3. _____ ☐
4. _____ ☐
5. _____ ☐

Today's Schedule

____	_____
____	_____
____	_____
____	_____
____	_____
____	_____
____	_____

Things To Do

☐ _____
☐ _____
☐ _____
☐ _____
☐ _____
☐ _____
☐ _____
☐ _____

Water intake

○ ○ ○ ○ ○ ○ ○ ○

Meals

B _____
L _____
S _____
D _____

Notes

get *things* done

☐ Mo ☐ Tu ☐ We ☐ Th ☐ Fr ☐ Sa ☐ Su **Date:** ....

Today's Top Priorities

1. .... ☐
2. .... ☐
3. .... ☐
4. .... ☐
5. .... ☐

Today's Schedule

☐ _____
☐ _____
☐ _____
☐ _____
☐ _____
☐ _____
☐ _____

Things To Do

☐ ....
☐ ....
☐ ....
☐ ....
☐ ....
☐ ....
☐ ....
☐ ....
☐ ....

Water intake

○ ○ ○ ○ ○ ○ ○ ○

Meals

B ....
L ....
S ....
D ....

Notes

get *things* done

Date: .... ☐ Mo ☐ Tu ☐ We ☐ Th ☐ Fr ☐ Sa ☐ Su

---

Today's Top Priorities

1. .... ☐
2. .... ☐
3. .... ☐
4. .... ☐
5. .... ☐

Today's Schedule

☐	_____
☐	_____
☐	_____
☐	_____
☐	_____
☐	_____
☐	_____

Things To Do

☐ ....
☐ ....
☐ ....
☐ ....
☐ ....
☐ ....
☐ ....
☐ ....
☐ ....

Water intake

○ ○ ○ ○ ○ ○ ○ ○

Meals

B ....
L ....
S ....
D ....

Notes

get *things* done

☐ Mo ☐ Tu ☐ We ☐ Th ☐ Fr ☐ Sa ☐ Su   **Date:** _____

Today's Top Priorities

1. _____ ☐
2. _____ ☐
3. _____ ☐
4. _____ ☐
5. _____ ☐

Today's Schedule

☐ _____
☐ _____
☐ _____
☐ _____
☐ _____
☐ _____
☐ _____

Things To Do

☐ _____
☐ _____
☐ _____
☐ _____
☐ _____
☐ _____
☐ _____
☐ _____

Water intake

○ ○ ○ ○ ○ ○ ○ ○

Meals

B _____
L _____
S _____
D _____

Notes

get *things* done

Date: _____ ☐ Mo ☐ Tu ☐ We ☐ Th ☐ Fr ☐ Sa ☐ Su

Today's Top Priorities

1. _____ ☐
2. _____ ☐
3. _____ ☐
4. _____ ☐
5. _____ ☐

Things To Do

☐ _____
☐ _____
☐ _____
☐ _____
☐ _____
☐ _____
☐ _____
☐ _____

Today's Schedule

☐ _____
☐ _____
☐ _____
☐ _____
☐ _____
☐ _____
☐ _____
☐ _____

Water intake

○ ○ ○ ○ ○ ○ ○ ○

Meals

B _____
L _____
S _____
D _____

Notes

get *things* done

☐ Mo ☐ Tu ☐ We ☐ Th ☐ Fr ☐ Sa ☐ Su **Date:** ....

Today's Top Priorities

1. .... ☐
2. .... ☐
3. .... ☐
4. .... ☐
5. .... ☐

Today's Schedule

☐ _____
☐ _____
☐ _____
☐ _____
☐ _____
☐ _____
☐ _____

Things To Do

☐ ....
☐ ....
☐ ....
☐ ....
☐ ....
☐ ....
☐ ....
☐ ....

Water intake

○ ○ ○ ○ ○ ○ ○ ○

Meals

B ....
L ....
S ....
D ....

Notes

get *things* done

Date: .... ☐ Mo ☐ Tu ☐ We ☐ Th ☐ Fr ☐ Sa ☐ Su

Today's Top Priorities

1. .... ☐
2. .... ☐
3. .... ☐
4. .... ☐
5. .... ☐

Today's Schedule

☐ _____
☐ _____
☐ _____
☐ _____
☐ _____
☐ _____
☐ _____
☐ _____

Things To Do

☐ ....
☐ ....
☐ ....
☐ ....
☐ ....
☐ ....
☐ ....
☐ ....

Water intake

○ ○ ○ ○ ○ ○ ○ ○

Meals

B ....
L ....
S ....
D ....

Notes

get *things* done

☐ Mo ☐ Tu ☐ We ☐ Th ☐ Fr ☐ Sa ☐ Su **Date:** ....

Today's Top Priorities

1. .... ☐
2. .... ☐
3. .... ☐
4. .... ☐
5. .... ☐

Today's Schedule

☐ _____
☐ _____
☐ _____
☐ _____
☐ _____
☐ _____
☐ _____

Things To Do

☐ ....
☐ ....
☐ ....
☐ ....
☐ ....
☐ ....
☐ ....
☐ ....
☐ ....

Water intake

○ ◉ ○ ◉ ○ ◉ ○ ◉ ○ ◉

Meals

B ....
L ....
S ....
D ....

Notes

get *things* done

Date: .... ☐ Mo ☐ Tu ☐ We ☐ Th ☐ Fr ☐ Sa ☐ Su

---

Today's Top Priorities

1. .... ☐
2. .... ☐
3. .... ☐
4. .... ☐
5. .... ☐

Things To Do

☐ ....
☐ ....
☐ ....
☐ ....
☐ ....
☐ ....
☐ ....
☐ ....

Today's Schedule

☐ _____
☐ _____
☐ _____
☐ _____
☐ _____
☐ _____
☐ _____

Water intake

○ ○ ○ ○ ○ ○ ○ ○

Meals

B ....
L ....
S ....
D ....

Notes

get *things* done

☐ Mo ☐ Tu ☐ We ☐ Th ☐ Fr ☐ Sa ☐ Su **Date:** _____

Today's Top Priorities

1. _____ ☐
2. _____ ☐
3. _____ ☐
4. _____ ☐
5. _____ ☐

Today's Schedule

☐ _____
☐ _____
☐ _____
☐ _____
☐ _____
☐ _____
☐ _____

Things To Do

☐ _____
☐ _____
☐ _____
☐ _____
☐ _____
☐ _____
☐ _____
☐ _____

Water intake

○ ○ ○ ○ ○ ○ ○ ○

Meals

B _____
L _____
S _____
D _____

Notes

get *things* done

Date: .... ☐ Mo ☐ Tu ☐ We ☐ Th ☐ Fr ☐ Sa ☐ Su

Today's Top Priorities

1. .... ☐
2. .... ☐
3. .... ☐
4. .... ☐
5. .... ☐

Things To Do

☐ ....
☐ ....
☐ ....
☐ ....
☐ ....
☐ ....
☐ ....
☐ ....

Today's Schedule

☐ _____
☐ _____
☐ _____
☐ _____
☐ _____
☐ _____
☐ _____

Water intake

○ ○ ○ ○ ○ ○ ○ ○

Meals

B ....
L ....
S ....
D ....

Notes

get *things* done

☐ Mo ☐ Tu ☐ We ☐ Th ☐ Fr ☐ Sa ☐ Su   **Date:** _____

Today's Top Priorities

1. _____ ☐
2. _____ ☐
3. _____ ☐
4. _____ ☐
5. _____ ☐

Today's Schedule

☐	_____
☐	_____
☐	_____
☐	_____
☐	_____
☐	_____
☐	_____

Things To Do

☐ _____
☐ _____
☐ _____
☐ _____
☐ _____
☐ _____
☐ _____
☐ _____
☐ _____

Water intake

○ ○ ○ ○ ○ ○ ○ ○

Meals

B _____
L _____
S _____
D _____

Notes

get *things* done

Date: .... ☐ Mo ☐ Tu ☐ We ☐ Th ☐ Fr ☐ Sa ☐ Su

Today's Top Priorities

1. .... ☐
2. .... ☐
3. .... ☐
4. .... ☐
5. .... ☐

Today's Schedule

☐ _____
☐ _____
☐ _____
☐ _____
☐ _____
☐ _____
☐ _____

Things To Do

☐ ....
☐ ....
☐ ....
☐ ....
☐ ....
☐ ....
☐ ....
☐ ....
☐ ....

Water intake

○ ○ ○ ○ ○ ○ ○ ○

Meals

B ....
L ....
S ....
D ....

Notes

get *things* done

☐ Mo ☐ Tu ☐ We ☐ Th ☐ Fr ☐ Sa ☐ Su   **Date:** _____

Today's Top Priorities
1. _____ ☐
2. _____ ☐
3. _____ ☐
4. _____ ☐
5. _____ ☐

Today's Schedule
☐ _____
☐ _____
☐ _____
☐ _____
☐ _____
☐ _____
☐ _____

Things To Do
☐ _____
☐ _____
☐ _____
☐ _____
☐ _____
☐ _____
☐ _____
☐ _____

Water intake
○ ○ ○ ○ ○ ○ ○ ○

Meals
B _____
L _____
S _____
D _____

Notes

get *things* done

Date: .... ☐ Mo ☐ Tu ☐ We ☐ Th ☐ Fr ☐ Sa ☐ Su

Today's Top Priorities

1. .... ☐
2. .... ☐
3. .... ☐
4. .... ☐
5. .... ☐

Things To Do

☐ ....
☐ ....
☐ ....
☐ ....
☐ ....
☐ ....
☐ ....
☐ ....

Today's Schedule

☐	_____
☐	_____
☐	_____
☐	_____
☐	_____
☐	_____
☐	_____

Water intake

○ ○ ○ ○ ○ ○ ○ ○

Meals

B ....
L ....
S ....
D ....

Notes

get *things* done

☐ Mo ☐ Tu ☐ We ☐ Th ☐ Fr ☐ Sa ☐ Su   **Date:** _____

Today's Top Priorities

1. _____ ☐
2. _____ ☐
3. _____ ☐
4. _____ ☐
5. _____ ☐

Today's Schedule

▭ _____
▭ _____
▭ _____
▭ _____
▭ _____
▭ _____
▭ _____

Things To Do

☐ _____
☐ _____
☐ _____
☐ _____
☐ _____
☐ _____
☐ _____
☐ _____

Water intake

○ ○ ○ ○ ○ ○ ○ ○

Meals

B _____
L _____
S _____
D _____

Notes

get *things* done

Date: _____ ☐ Mo ☐ Tu ☐ We ☐ Th ☐ Fr ☐ Sa ☐ Su

Today's Top Priorities

1. .... ☐
2. .... ☐
3. .... ☐
4. .... ☐
5. .... ☐

Things To Do

- ☐ ....
- ☐ ....
- ☐ ....
- ☐ ....
- ☐ ....
- ☐ ....
- ☐ ....
- ☐ ....

Today's Schedule

☐ _____
☐ _____
☐ _____
☐ _____
☐ _____
☐ _____
☐ _____
☐ _____

Water intake

○ ○ ○ ○ ○ ○ ○ ○

Meals

B ....
L ....
S ....
D ....

Notes

get *things* done

☐ Mo ☐ Tu ☐ We ☐ Th ☐ Fr ☐ Sa ☐ Su   *Date:* ....

Today's Top Priorities

1. .... ☐
2. .... ☐
3. .... ☐
4. .... ☐
5. .... ☐

Things To Do

☐ ....
☐ ....
☐ ....
☐ ....
☐ ....
☐ ....
☐ ....
☐ ....

Today's Schedule

☐ _____
☐ _____
☐ _____
☐ _____
☐ _____
☐ _____
☐ _____

Water intake

○ ○ ○ ○ ○ ○ ○ ○

Meals

B ....
L ....
S ....
D ....

Notes

get *things* done

Date: .... ☐ Mo ☐ Tu ☐ We ☐ Th ☐ Fr ☐ Sa ☐ Su

Today's Top Priorities

1. ☐
2. ☐
3. ☐
4. ☐
5. ☐

Things To Do

- ☐
- ☐
- ☐
- ☐
- ☐
- ☐
- ☐
- ☐

Today's Schedule

- ☐ _____
- ☐ _____
- ☐ _____
- ☐ _____
- ☐ _____
- ☐ _____
- ☐ _____

Water intake

○ ○ ○ ○ ○ ○ ○ ○

Meals

B ....
L ....
S ....
D ....

Notes

get *things* done

☐ Mo ☐ Tu ☐ We ☐ Th ☐ Fr ☐ Sa ☐ Su   **Date:** _____

Today's Top Priorities

1. _____ ☐
2. _____ ☐
3. _____ ☐
4. _____ ☐
5. _____ ☐

Today's Schedule

☐ _____
☐ _____
☐ _____
☐ _____
☐ _____
☐ _____
☐ _____

Things To Do

☐ _____
☐ _____
☐ _____
☐ _____
☐ _____
☐ _____
☐ _____
☐ _____
☐ _____

Water intake

○ ○ ○ ○ ○ ○ ○ ○

Meals

B _____
L _____
S _____
D _____

Notes

get *things* done

Date: _____ ☐ Mo ☐ Tu ☐ We ☐ Th ☐ Fr ☐ Sa ☐ Su

Today's Top Priorities

1. _____ ☐
2. _____ ☐
3. _____ ☐
4. _____ ☐
5. _____ ☐

Things To Do

- ☐ _____
- ☐ _____
- ☐ _____
- ☐ _____
- ☐ _____
- ☐ _____
- ☐ _____
- ☐ _____
- ☐ _____

Today's Schedule

☐	_____
☐	_____
☐	_____
☐	_____
☐	_____
☐	_____
☐	_____

Water intake

○ ○ ○ ○ ○ ○ ○ ○

Meals

B _____
L _____
S _____
D _____

Notes

get *things* done

☐ Mo ☐ Tu ☐ We ☐ Th ☐ Fr ☐ Sa ☐ Su   **Date:** _____

Today's Top Priorities

1. _____ ☐
2. _____ ☐
3. _____ ☐
4. _____ ☐
5. _____ ☐

Today's Schedule

☐ _____
☐ _____
☐ _____
☐ _____
☐ _____
☐ _____
☐ _____

Things To Do

☐ _____
☐ _____
☐ _____
☐ _____
☐ _____
☐ _____
☐ _____
☐ _____
☐ _____

Water intake

○ ○ ○ ○ ○ ○ ○ ○

Meals

B _____
L _____
S _____
D _____

Notes

get *things* done

Date: .... ☐ Mo ☐ Tu ☐ We ☐ Th ☐ Fr ☐ Sa ☐ Su

Today's Top Priorities

1. .... ☐
2. .... ☐
3. .... ☐
4. .... ☐
5. .... ☐

Things To Do

- ☐ ....
- ☐ ....
- ☐ ....
- ☐ ....
- ☐ ....
- ☐ ....
- ☐ ....
- ☐ ....
- ☐ ....

Today's Schedule

☐	_____
☐	_____
☐	_____
☐	_____
☐	_____
☐	_____
☐	_____

Water intake

○ ○ ○ ○ ○ ○ ○ ○

Meals

B ....
L ....
S ....
D ....

Notes

get *things* done

☐ Mo ☐ Tu ☐ We ☐ Th ☐ Fr ☐ Sa ☐ Su   **Date:** _____

Today's Top Priorities

1. _____ ☐
2. _____ ☐
3. _____ ☐
4. _____ ☐
5. _____ ☐

Things To Do

☐ _____
☐ _____
☐ _____
☐ _____
☐ _____
☐ _____
☐ _____
☐ _____
☐ _____

Today's Schedule

☐ _____
☐ _____
☐ _____
☐ _____
☐ _____
☐ _____
☐ _____
☐ _____

Water intake

○ ○ ○ ○ ○ ○ ○ ○

Meals

B _____
L _____
S _____
D _____

Notes

get *things* done

Date: _____ ☐ Mo ☐ Tu ☐ We ☐ Th ☐ Fr ☐ Sa ☐ Su

Today's Top Priorities

1. .... ☐
2. .... ☐
3. .... ☐
4. .... ☐
5. .... ☐

Today's Schedule

☐ _____
☐ _____
☐ _____
☐ _____
☐ _____
☐ _____
☐ _____
☐ _____

Things To Do

☐ _____
☐ _____
☐ _____
☐ _____
☐ _____
☐ _____
☐ _____
☐ _____
☐ _____

Water intake

○ ○ ○ ○ ○ ○ ○ ○

Meals

B _____
L _____
S _____
D _____

Notes

get *things* done

☐ Mo ☐ Tu ☐ We ☐ Th ☐ Fr ☐ Sa ☐ Su   **Date:** ....

Today's Top Priorities

1. .... ☐
2. .... ☐
3. .... ☐
4. .... ☐
5. .... ☐

Today's Schedule

☐ _____
☐ _____
☐ _____
☐ _____
☐ _____
☐ _____
☐ _____

Things To Do

☐ ....
☐ ....
☐ ....
☐ ....
☐ ....
☐ ....
☐ ....
☐ ....

Water intake

○ ○ ○ ○ ○ ○ ○ ○

Meals

B ....
L ....
S ....
D ....

Notes

get *things* done

Date: _____ ☐ Mo ☐ Tu ☐ We ☐ Th ☐ Fr ☐ Sa ☐ Su

Today's Top Priorities

1. _____ ☐
2. _____ ☐
3. _____ ☐
4. _____ ☐
5. _____ ☐

Today's Schedule

☐ _____
☐ _____
☐ _____
☐ _____
☐ _____
☐ _____
☐ _____

Things To Do

☐ _____
☐ _____
☐ _____
☐ _____
☐ _____
☐ _____
☐ _____
☐ _____
☐ _____

Water intake

○ ○ ○ ○ ○ ○ ○ ○

Meals

B _____
L _____
S _____
D _____

Notes

get *things* done

☐ Mo ☐ Tu ☐ We ☐ Th ☐ Fr ☐ Sa ☐ Su **Date:** ....

Today's Top Priorities

1. .... ☐
2. .... ☐
3. .... ☐
4. .... ☐
5. .... ☐

Today's Schedule

▭ _____
▭ _____
▭ _____
▭ _____
▭ _____
▭ _____
▭ _____

Things To Do

☐ ....
☐ ....
☐ ....
☐ ....
☐ ....
☐ ....
☐ ....
☐ ....
☐ ....

Water intake

○ ○ ○ ○ ○ ○ ○ ○

Meals

B ....
L ....
S ....
D ....

Notes

get *things* done

Date: .... ☐ Mo ☐ Tu ☐ We ☐ Th ☐ Fr ☐ Sa ☐ Su

Today's Top Priorities

1. ☐
2. ☐
3. ☐
4. ☐
5. ☐

Things To Do

- ☐
- ☐
- ☐
- ☐
- ☐
- ☐
- ☐
- ☐

Today's Schedule

☐ _____
☐ _____
☐ _____
☐ _____
☐ _____
☐ _____
☐ _____
☐ _____

Water intake

○ ○ ○ ○ ○ ○ ○ ○

Meals

B _____
L _____
S _____
D _____

Notes

get *things* done

☐ Mo ☐ Tu ☐ We ☐ Th ☐ Fr ☐ Sa ☐ Su   **Date:** _____

Today's Top Priorities

1. .... ☐
2. .... ☐
3. .... ☐
4. .... ☐
5. .... ☐

Things To Do

☐ ....
☐ ....
☐ ....
☐ ....
☐ ....
☐ ....
☐ ....
☐ ....

Today's Schedule

☐ _____
☐ _____
☐ _____
☐ _____
☐ _____
☐ _____
☐ _____

Water intake

◯ ◯ ◯ ◯ ◯ ◯ ◯ ◯

Meals

B ....
L ....
S ....
D ....

Notes

get *things* done

Date: .... ☐ Mo ☐ Tu ☐ We ☐ Th ☐ Fr ☐ Sa ☐ Su

Today's Top Priorities

1. .... ☐
2. .... ☐
3. .... ☐
4. .... ☐
5. .... ☐

Today's Schedule

☐ _____
☐ _____
☐ _____
☐ _____
☐ _____
☐ _____
☐ _____

Things To Do

☐ ....
☐ ....
☐ ....
☐ ....
☐ ....
☐ ....
☐ ....
☐ ....

Water intake

○ ▯ ○ ▯ ○ ▯ ○ ▯ ○ ▯

Meals

B ....
L ....
S ....
D ....

Notes

get *things* done

☐ Mo ☐ Tu ☐ We ☐ Th ☐ Fr ☐ Sa ☐ Su   **Date:** _____

Today's Top Priorities

1. _____ ☐
2. _____ ☐
3. _____ ☐
4. _____ ☐
5. _____ ☐

Today's Schedule

☐ _____
☐ _____
☐ _____
☐ _____
☐ _____
☐ _____
☐ _____

Things To Do

☐ _____
☐ _____
☐ _____
☐ _____
☐ _____
☐ _____
☐ _____
☐ _____
☐ _____

Water intake

○ ○ ○ ○ ○ ○ ○ ○

Meals

B _____
L _____
S _____
D _____

Notes

get *things* done

Date: .... ☐ Mo ☐ Tu ☐ We ☐ Th ☐ Fr ☐ Sa ☐ Su

---

Today's Top Priorities

1. .... ☐
2. .... ☐
3. .... ☐
4. .... ☐
5. .... ☐

Today's Schedule

☐ _____
☐ _____
☐ _____
☐ _____
☐ _____
☐ _____
☐ _____

Things To Do

☐ ....
☐ ....
☐ ....
☐ ....
☐ ....
☐ ....
☐ ....
☐ ....
☐ ....

Water intake

○ ○ ○ ○ ○ ○ ○ ○

Meals

B _____
L _____
S _____
D _____

Notes

get *things* done

☐ Mo ☐ Tu ☐ We ☐ Th ☐ Fr ☐ Sa ☐ Su   **Date:** ....

Today's Top Priorities

1. .... ☐
2. .... ☐
3. .... ☐
4. .... ☐
5. .... ☐

Today's Schedule

▭ _____
▭ _____
▭ _____
▭ _____
▭ _____
▭ _____
▭ _____

Things To Do

☐ ....
☐ ....
☐ ....
☐ ....
☐ ....
☐ ....
☐ ....
☐ ....
☐ ....

Water intake

○ ▯ ○ ▯ ○ ▯ ○ ▯ ○ ▯

Meals

B ....
L ....
S ....
D ....

Notes

get *things* done

Date: .... ☐ Mo ☐ Tu ☐ We ☐ Th ☐ Fr ☐ Sa ☐ Su

Today's Top Priorities

1. .... ☐
2. .... ☐
3. .... ☐
4. .... ☐
5. .... ☐

Things To Do

☐ ....
☐ ....
☐ ....
☐ ....
☐ ....
☐ ....
☐ ....
☐ ....
☐ ....

Today's Schedule

☐ _____
☐ _____
☐ _____
☐ _____
☐ _____
☐ _____
☐ _____
☐ _____

Water intake

○ ○ ○ ○ ○ ○ ○ ○

Meals

B ....
L ....
S ....
D ....

Notes

www.ingramcontent.com/pod-product-compliance
Lightning Source LLC
LaVergne TN
LVHW011723060526
838200LV00051B/3008